함께 흐르는
시조와 그림
(II집)

님

김경우(金耕宇) 올림

함께 흐르는
시조와 그림
(II집)

함께 흐르는 시조와 그림 (II집)

1판 1쇄 발행   2025년 1월 7일

지 은 이 | 김경우
펴 낸 이 | 김진수
펴 낸 곳 | 한국문화사
등   록 | 제1994-9호
주   소 | 서울시 성동구 아차산로49, 404호(성수동1가, 서울숲코오롱디지털타워3차)
전   화 | 02-464-7708
팩   스 | 02-499-0846
이 메 일 | hkm7708@daum.net
홈페이지 | http://hph.co.kr

ISBN   979-11-6919-278-1   03810

· 이 책의 내용은 저작권법에 따라 보호받고 있습니다.
· 잘못된 책은 구매처에서 바꾸어 드립니다.
· 책값은 뒤표지에 있습니다.

ⓒ김경우, 2024

시조마을은 도서출판 한국문화사의 시조문학 브랜드입니다.

오류를 발견하셨다면 이메일이나 홈페이지를 통해 제보해주세요.
소중한 의견을 모아 더 좋은 책을 만들겠습니다.

함께 흐르는 시조와 그림
(II집)

시조마을

❀ 시조(時調)

- 고려 후기에 생겨난 우리 민족의 독창적인 고유한 시문화(詩文化)가 창출한 정형시임.
- 시조는 초장, 중장, 종장인 3행으로 이루어짐.
  - 장(章)이 셋, 구(句)가 여섯, 소절(小節)은 열둘.
- 시조는 글자 수(음수)를 지켜야 하며 ±1 의 여유를 두고 있음.
- 시조의 형식 – 음절 수(글자 수)

  > 초장 : 3. 4. 4. 4.
  > 중장 : 3. 4. 4. 4.   } 총 글자수는 45자 내외
  > 종장 : 3. 5~7. 4. 4.

- 종장 첫 소절(마디) 3자는 독립적 의미의 말.
- 각 장(章)은 독립성, 연결성, 완결성을 유지.
- 종장 말미는 현재형으로 마감함.
- 단시조는 수(首) 또는 편(篇)이라 하고 그 이상은 연시조(連時調).

2021년 『문학진흥법』의 개정으로 시조가 독립적 장르로서 정립됨. 서양, 중국, 일본의 정형시는 유네스코에 세계 문화 유산으로 등재되어 있으나 세계 으뜸 문자인 한글이 탄생시킨 시조는 늦었지만 등재를 위한 노력을 기울이고 있음.

작가의 글

　나이가 한참 들어 시조에 등단하였기에 시조의 심연深淵을 아직도 맴돌고 있는 것 같습니다만 돌이켜 보면 아쉬운 건 하지 않은 일이라는 말에 힘을 얻고 『함께 흐르는 시조와 그림』이라는 표제로 두 번째 시집을 출간합니다.
　취미로 그리는 유화를 이번에도 접목시켜 봅니다. 서로를 연계하다 보니 오히려 그림의 예술성이 소홀해져 버린 것 같기도 합니다.
　시조를 접할수록 절제된 우리말을 유연하게 물 흐르듯 풀어내는 매력에 빠지게 됩니다. 쉽고 평이한 우리말로 정형의 격식을 갖추면서 우리 민족의 오랜 정서에서 숙성된 정情과 한恨과 흥興을 품으면서 자연을 벗 삼는 멋이 있는 우리 시조입니다.
　시조가 당당히 흐르는 마을마다 향기가 퍼져나가 이 세상 많은 사람이 읊고 싶어 하는 으뜸 정형시로 솟아오를 날을 기대합니다.
　한결같이 과분한 격려로 이끌어 주시는 이석규 박사님, 김흥열 고문님께 깊은 감사를 드리며 저의 시조가 책으로 나오기 위한 모든 과정에서 정성껏 노고를 아끼지 않은 선인장학재단의 이상범 사무국장께 심심한 사의를 표합니다.

목차

작가의 글   5

함께 흐르는 시조와 그림

가로수는 슬프다   15
가벼운 삶   16
가을 어느 날   18
가을날 툇마루   19
가을밤 빗소리   20
가을이 왔네   21
가을 산 풍악 소리   22
가지는 마소   24
강변의 달맞이꽃   25
개울물   26
거리두기   28
고독   30
고향 초가집   32
고양이 주머니   34
공후인箜篌引   35
공허한 하루   36
구름과 호수   38
굴피집   40
그대의 눈   42
그리운 눈동자   43

꽃과 인생	44
꽃반지	46
꽃신 찾아가요	47
꽃잎, 앞과 뒤	48
깊은 숲	49
꿈 따라	50
꿈속의 님	52
거울 속 님과 함께	53
나무 그늘 아래서	54
나비와 꽃향기	56
낮비와 낮술	58
냥이를 떠날 때	59
노년이 되어	60
누구와 걱정을	62
누이야	63
능소화	64
늦가을 단풍	65
늦가을 산 고개	66
님 가시는 곳	67
님이 웃는 봄날	68
낙엽은 어디로	69
다시 만나면	70
동행하는 세월	72

두 나무	74
도시의 밤	76
두견새 우는 마을	77
또 만나요	78
떠나라 하지 마소	80
달인達人	81
만개한 벚꽃	82
맹수의 감동	84
멈추는 날	86
목련꽃과 잎새	88
모녀 졸업장	89
바닷가 파도	90
바람 가는 곳	91
바위와 풀꽃	92
바다 바위(海巖)	94
밤비	95
버스 여행	96
벽시계	97
벤치	98
보내는 마음	100
봄날 술 한잔	101
봄날이 다시 오듯	102
봄 마을	104

봄비 맞는 바위	106
바람아	108
봄비와 가을비	109
부고장을 들고	110
분수噴水	111
불사의 풍경風磬	112
불효자	114
비밀	115
비 젖는 우산	116
비정한 산불	118
비바람과 맑은 해	120
빈터의 풀꽃	121
빨래	122
사과	124
사막에 핀 꽃	126
산마을 보릿고개	128
산사山寺에 부는 바람	129
산언덕 꽃 한 송이	130
삶을 탓하랴	132
새벽이슬	133
새들은 햇볕을 좋아한다	134
새벽 별이 되어	136
서대문 형무소	137

섬 할매	138
세월의 덧칠	140
세월이란	142
슬픈 가족여행	143
순이야, 달리자	144
숨바꼭질	146
시간	148
시골집 동물원	149
시문詩文	150
아니면 말고	151
아는 것 모르는 것	152
아빠의 퇴근길	154
아픔을 만든 자	155
안개비와 가로등	156
야심한 산길의 차	157
어느 봄 저녁	158
어린 꿈	159
어시장의 물고기	160
언덕 위에 낡은 농가	161
엄마 등에 업혀	162
엄마야	164
여름 폭우	166
여름밤의 망상	168

오대양 거북선	169
외길과 노을	170
외딴섬에 피는 꽃	172
외로운 달	173
우리는 꽃나무	174
우주 유영	175
우크라이나 비가悲歌	176
울며 웃다	178
울타리	179
웃는 눈사람	180
유아 학대사死	181
유행	182
은하수	183
이른 새벽의 행인行人	184
인생 동반자	185
인생 막 열차	186
자연 찬미	188
자네와 산골에서	190
잡풀과 들꽃	191
적막한 시골 밤	192
지난날	194
지는 봄날	196
찻잔을 들다가	197

청산을 보며	198
치자꽃 옆에서	200
칠월칠석七月七夕	201
태풍	202
튀르키예 참화	203
풍금 소리	204
피난 길 아빠의 통곡	205
하루를 꿈꾸며	206
한가위 달	208
할머니의 장독대	210
할멈의 소원	212
해녀 엄마	213
항구	214
행복한 저녁	216
행복한 울음	218
행인과 단풍	219
허난설헌許蘭雪軒	220
호수에 붙들린 달빛	221
홀로 가는 산길	222
황진이 명월아	223
황혼	224
후회	226
흘러간 강변 친구	227

흰 구름 머무는 곳	228
함께 흐르는 시조와 노래	229
길따라 구름따라(그림, 노래)	230
함께 흐르는 시조와 영문번역	233
농부와 황소(The Farmer and the Bull)	234
또 만나요(Let's meet again)	236

서평 1
김흥렬(한국시조협회 고문)   237

서평 2
이석규(시조시인, 문학박사, 가천대 명예교수)   247

가로수는 슬프다

길 따라
줄 맞추려
애를 쓰는 가로수

잎새도
가지도
잘못하면 짤려난다

어젯밤
태풍에 뿌리뽑혀
넋을 잃고 하늘 본다.

가벼운 삶

눈뜰 땐
조잘대는
새소리에 감읍하고

일할 땐
맑은 햇살,
잠잘 땐 여린 달빛

떠날 땐
흔적도 없이
노을 타고 가는 삶.

가을 어느 날

산 넘어
저녁해가
수줍게 미소질 때

한 가닥
솔바람이
갈대숲을 스치면서

어디든
그냥 떠나라고
나직나직 속삭인다.

가을날 툇마루

낙엽이
툇마루에
눈치 보며 뒹굴고

하늘은
파란빛이
터질 듯이 투명한데

냥이는
마른 잎 건드리며
가을향기 맡는다.

가을밤 빗소리

창밖엔
가랑비가
쉬지 않고 추적추적

비 맞은
오동잎은
더더욱 처연한데

때때로
길 잃은 바람이
가을밤을 헤맨다.

가을이 왔네

산새가
넘나드는
인적없는 언덕길에

사라진
매미 떼창,
날을 세운 새벽바람

떨어진
낙엽 하나를
나그네가 응시한다.

가을 산 풍악 소리

늦가을 산속은
풍악으로 익어간다

냇물은 졸졸대고
먼 바람은 우수수

바스락 낙엽 소리에
놀란 장끼 *쟁箏을 친다.

철새들 줄줄이
이별가로 산을 넘고

산 노루 녹명 듣고
풀벌레들 목을 트네

궂은비 서럽게 속삭이면
가을 숲도 술렁인다.

*쟁錚: 풍물놀이와 무악 따위에 사용하는 타악기의 하나.
놋쇠로 만들어 채로 쳐서 소리를 내는 악기.

가지는 마소

떠날 때
서러웠고
돌아오니 눈물겹다

없을 땐
겨울이요
옆 있으니 봄날이다

그대여
나보기 싫어지면
허아비라 여기소서.

강변의 달맞이꽃

저녁에
피었다
아침에 진 달맞이꽃

달님과
마주 서면
수줍어서 말 못하고

꽃잎만
달빛에 젖어
노랑으로 물들었네.

개울물

개울물 흘러간다,
병아리 떼 조잘대듯

때로는 오리 떼가
먹이 보고 달려가듯

물살은 솟구치는 가락을
힘차게 밀고 간다.

끝없이 미로 속에
이리저리 길을 잡고

돌과 흙 토닥이며
생명수를 퍼 나른다

오늘은 복사꽃 입에 물고
어딜 가나, 유유히.

거리두기

서로들
살아가며
거리를 재며 산다

멀거니
가깝거니
그때마다 달라진다

만남이
슬퍼지는 밤엔
숨은 달이 찾아온다.

고독

적막한
산골에서
저녁별이 곱게 뜨고

고독이
다가와서
다정하게 포옹하면

영성靈性은
아득한 미로에서
촛불 하나 밝힌다.

고향 초가집

할머닌 장독대에
오르시어 하루를 열고

대낮엔 해바라기
햇살 안고 함박웃음

저녁엔 멍석에 드러누워
은하수를 세던 밤.

감나무 까치밥이
모진 겨울 배려하듯

연연히 이어오던
고향 인정 그리워서

마당에 풍년가 술렁이던
그 시절로 달려간다.

고양이 주머니

꼬마가
냥이 위해
마련한 생일 선물

치즈만
조금 먹고
잔뜩 남은 먹거리

털옷에
포켓 달아 주자고
엄마를 조른다.

*공후인箜篌引

술병을 손에 들고
강물 속에 잠긴 노인

애타게 말린 아내
남편 따라 몸 던지자

지나던 뱃사공 부부
눈물 흘려 노래했네.

강물에 가라앉은
그 비가悲歌를 불러내어

남은 술 비우면서
슬픈 사연 풀으세요

일천 년 뒷날 후손이
위로 술잔 바칩니다.

*공후인箜篌引: 고조선 때 한 늙은이가 술병을 들고 강물 속으로 들어갔다. 아내가 애써 말려도 빠져 죽자, 아내는 슬피 노래 부르며 뒤따랐다. 이를 본 뱃사공이 그의 아내 여옥에게 들려주니 여옥은 공후(한국과 중국의 전통 현악기)를 끌어안고 이 슬픈 사연을 노래 불러 널리 퍼졌다.

공허한 하루

마음을 비우고
새로 채우면
된다지만

비워진
황야엔
바람조차 불지 않고

공허한
메아리만 남기며
하루해가 그냥 간다.

구름과 호수

구름이
멋을 내며
유유히 흘러간다

제모습
보고 싶어
호수 위를 떠도니

영 넘어
한 가닥 석양이
구름 꽃을 일궈준다.

*굴피집

깊은 산
오지에서
화전 밭 일구다가

모두들
떠나가고
홀로 남은 늙은 할범

굴피집
연기 끊겼네,
오늘 같은 강추위에.

*굴피집: 두꺼운 나무껍질로 지붕을 이은 집으로, 산간지방 화전민들이 널리 사용한 가옥.

그대의 눈

은하수
안개 걷듯
영롱하게 빛나는 눈

속눈썹
곱게 감아
호수 깊이 잠기는 듯

가늘게
수심에 떠는구나,
이슬을 머금고.

그리운 눈동자

어릴 적
새침하던
젖은 눈길 보고파라

말없이
이국만리
별이라도 되었는지

물안개
별빛에 적셔
그리움을 보내시네.

꽃과 인생

꽃들은
울긋불긋
피고 지며 이어가나

인생은
한번 피어
소리 없이 사라진다

삶이란
자기 색깔 고르는
고뇌하는 과정인가.

꽃반지

아빠가
만들어준
꽃반지 어디 갔나

아가는
슬피 슬피
울다가 뚝 그쳤다

야옹이
고놈이 물고 있다,
요리조리 꼬리치며.

꽃신 찾아가요

골목길에
엎어진
하늘 보는 예쁜 꽃신

엄마 등에
잠들다가
슬그머니 떨어졌나

야속한
아기신 집어
찾기 쉽게 세워둔다.

꽃잎, 앞과 뒤

꽃 앞에
다가서서
향을 맡고 찬양한다

아무도
꽃잎 뒤는
보는 사람 없구나

뒤 안쪽
떠받드는 정성을
벌 나비만 알겠지.

깊은 숲

햇빛도
몸 사리는
은밀한 숲속 그늘

웅크린
정령들이
구석마다 숨죽이고

때때로
안개 입은 새 떼만
적막을 부순다.

꿈 따라

그대여
같은 꿈을
품는다면 바다로 가자

흰 돛배
노를 잡고
별을 타고 흘러가자

머나먼
돌아올 수 없는 곳,
그곳까지 저어가자.

꿈속의 님

꿈 없이
산다는 건
님 없이 산다는 것

꿈에만
뵈오는 님
어디 가야 찾을까

자다가
깨어보면 없는 님
잡으려고 잠든다.

거울 속 님과 함께

달밤에
님이 주신
거울 속엔 그대와 나

겹쳐진
두 얼굴이
방글방글 눈 맞춘다

손잡고
살금 뛰쳐나와
달무리로 흘러간다.

나무 그늘 아래서

언덕 위
그늘 아래
드러누워 책을 본다

잎사귀
하나가
보는 글을 덮어서

가린 글
무엇이었나
생각하다 잠이 든다.

나비와 꽃향기

봄꽃이 만발하자
벌 나비 떼 날아온다

무엇이 그들을
달려오게 하는 걸까

바람도 햇살을 제끼며
삽상하게 불어준다.

꽃들이 아름답고
귀여워서 모여들까

풍기는 꽃향기에
취해서 그런다네

들녘에 꾀꼬리 날고
봄날은 익어간다.

낮비와 낮술

대낮에
주룩주룩
쉬지 않고 내리는 비

막걸리
한잔마다
군밤 한 톨 가을향기

눈꺼풀
천근 무게가
나를 업고 만고강산萬古江山.

냥이를 떠날 때

야옹이
까만 눈이
봄볕 타고 윤이 난다

여생餘生을
셈해보니
나보다도 더 멀구나

나 없이
누구 옆에서
코 골면서 편히 잘꼬.

노년이 되어

눈 귀는 흐려지고
손과 발도 굼뜬다

하는 일 뒤처져서
잔소리도 뒤따른다

아서라, 혼자서 해내리라,
기운 차려 천천히.

남의 말 가려듣고
좋은 인연 떠올리고

보던 책 뒤적이며
앞날 걱정 덮으면서

마음속 혼불을 켜고
허허롭게 가리라.

누구와 걱정을

걱정은
쌓이는데
그 누구와 얘기하나

사람은
많은데도
어느 누가 귀 기울까

황혼 녘
긴긴 바람이
갈대숲을 울린다.

누이야

진달래
활짝 웃던
눈이 예쁜 누이야

치자꽃
꺾어 들고
그냥 떠난 누이야

앞산에
복사꽃 피고 지네,
뒷동산엔 새가 울고.

능소화

장마를
예고하는
눈물 품은 능소화

물살에
떠밀려간
아이는 절규했지

아파도
고운 미소 짓는
네 모습이 숙연하다.

늦가을 단풍

늦가을
계곡마다
형형색색 고운 단풍

햇볕이
감싸안아
오색으로 무르익네

인파 속
고별잔치가
노을 지듯 애잔하다.

늦가을 산 고개

산길 옆
은행나무
샛노랗게 물이 들고

산자락
단풍잎은
새빨갛게 불타는데

언덕 위
황혼 쓴 스님은
노을 마시며 취한다.

님 가시는 곳

꽃피자
찾아온 님
꽃이질 때 떠나신다

꽃향기
가득 담아
가시는 곳 어디일까

그곳엔
벌 나비 날고
옛님 벗님 반기겠지.

님이 웃는 봄날

찬란한
햇살 받아
화사하게 웃으시니

물오른
모란꽃도
고개 들어 방긋 웃고

흰나비
어디서 보았나,
담장 넘어 훨훨 오네.

낙엽은 어디로

늦가을
마른 낙엽
집어 들고 물어본다

바람이
몰아치면
어디 메로 날아가랴

이제는
모든 것 버리고
내맡기는 삶이란다.

다시 만나면

말없이
떠납니다,
스쳐가는 바람처럼

어느 날
보게 되면
미소 살짝 나누지요

레테강*
나룻배 젓는
뱃사공이 되렵니다.

*레테(Lethe)강: 그리스 신화에 나오는 망각의 강 또는 망각의 여신이다.

동행하는 세월

세월은
볼 수 없고
말도 없는 동행자

우리는
나이 먹어
사라지는 티끌인데

이제는
혼자 가려 하니
정을 떼려 하는구나.

두 나무

길 건너 두 나무가
마주 보며 사랑한다

서로가 발이 없어
마음만 오고 갈 뿐

광풍이 몰아치는 날
안절부절 같이 운다.

낮에는 햇볕 아래
잘 있는가 살펴보고

밤에는 별빛 아래
바람불러 기도한다

언젠간 헤어지겠지,
두려운 건 사람이지.

도시의 밤

도심都心이
밤이 되면
덫이 되는 불야성不夜城

찬란한
네온 빛이
도둑괭이 눈빛 되어

빨려든
인파를 홀려
호주머닐 노린다.

두견새 우는 마을

두견새
울음 지자
산골짝은 침묵하고

바람이
움츠리자
청산도 잠이 든다

누군가
별 뜨는 산비탈을
달빛 쓰고 오른다.

또 만나요

세월이
시샘하여
사별死別하는 잉꼬부부

눈물을
가둬두고
주고받은 마지막 말

갑니다.
넘 고마웠소.
아녜요 또 만나요.

떠나라 하지 마소

떠나라
하지 마소,
언제라도 가오리다

영원한
만남이란
있을 수가 있나요

어쩌다
생각이 나면
촛불 끄듯 지우세요.

달인達人

날랜 손
번개 같아
마술 보듯 놀랍구나

시간을
갈고 닦은
집념이 이룬 경지

솜씨와
한마음 되어
서로 보며 감사한다.

만개한 벚꽃

벚꽃이
만발하여
흐드러진 뚝방 길에

봄바람
건듯 불어
떠날 때를 알려주니

소복한
하얀 꽃송이가
분분히 흩날린다.

맹수의 감동

사자가
소녀 보자
달려들어 뽀뽀한다

아플 때
돌보아준
기른 정이 폭발했다

맹수도
지순한 사랑 앞엔
눈물 쏟는 순둥이.

멈추는 날

전지가
다 닳으면
시계가 멈춰선다

내 속에
뻐꾸기는
얼마 동안 똑딱일까

겨울밤
함박눈 지듯이
가만가만 꺼져다오.

목련꽃과 잎새

잎새가 바라보는
은은한 흰 목련꽃

새벽엔 이슬 받아
세수해서 청초하고

밤에는 달빛 불러와
서로 보며 빛난다.

잎마다 하얀 영혼
하루하루 정을 쌓고

노을이 손짓할 때
두말없이 낙화落花하니

잎새는 슬픔을 포개면서
가을바람 기다린다.

모녀 졸업장

홀 엄마
외동딸이
학사모를 쓰는 날

평생을
행상하며
소도 팔아 키워온 딸

눈부신
졸업장 맞잡고
서로 보며 서로 운다.

바닷가 파도

바다가
온몸으로
밀려왔다 물러간다

육지가
그리워서
달려오다 무너지고

억만년
끊임없는 사랑이
낮 밤으로 울어댄다.

바람 가는 곳

봄바람
포근하고
가을바람 서늘하다

바람이
불어대도
품은 정은 다르구나

춘풍은
님 찾아 나서고
추풍은 고향길을.

바위와 풀꽃

숨어서 바위 밑에
남모르게 피어난 꽃

햇볕도 마다하고
눈길도 외면하며

오로지 믿고 의지하는
큰 바위만 보고 산다.

풍우에 시달리는
큰 바위는 외롭지만

고개 들어 기도하는
작은 꽃이 귀엽구나

아득히 밤개 짖는 소리를
둘이 함께 듣는다.

바다 바위(海巖)

밤낮을 울부짖는
줄 파도를 달래면서

세월이 할퀸 상처
홀로 참고 다독이며

때때로 길잃은
갈매기를 눈물겹게 반긴다.

수평선 만경창파 萬頃蒼波
지나가는 연락선아

마음은 달려가도
이 내 몸은 붙박이라

모래밭 연인들 발자욱도
설레이다 돌아선다.

밤비

물방울 후두둑
유리창을 두드리자

구름 떼 몰려들어
하늘 가득 다투더니

밤비가 마구 쏟아진다,
밀착한 밀림처럼.

속삭임 두런두런
쉬지 않고 이어진다

밤새껏 뒤척이다
어디선가 낮은 소리

기러기 날갯짓일까,
흠뻑 젖어 잠든 밤.

버스 여행

창밖엔
흘러가는
맑은 강이 미소 짓고

청산은
구름 타고
따라오다 사라진다

안내양
똘똘한 설명 듣고
감춘 비밀 캐고 간다.

벽시계

가녀린 시계 초침
쉬지 않고 돌고 돈다

늙음을 재촉하는
시간을 삼키면서

세월을 바늘에 매달고
쳇바퀴를 돌린다.

묵묵히 앞으로만
걸어가는 시곗바늘

그러나 영원한 건
없다는 걸 알려주니

언제나 깨어있으란
숨은 뜻이 무겁구나.

벤치

벤치는
홀로 앉는
나그네를 그린다

시간을
풀어놓고
하루해를 삼키는 객

오늘은
낙엽 하나 날아와
하루 종일 칭얼댄다.

보내는 마음

그대로
가십시오
앞만 보고 걸으세요

뒤돌아
손 흔들면
달려가서 잡으리니

홀연히
아니 올 곳 피하듯
무심한 척 떠나세요.

봄날 술 한잔

봄꽃을
눈에 담아
봄바람을 껴안는다

아카시아
향을 숨긴
꽃그늘로 다가서니

꽃잎이
술병을 때린다.
어찌 한잔 마다하랴.

봄날이 다시 오듯

내 님이
그냥 갔네
봄날이 떠나듯이

묵은 정
숨긴 정을
몰아 안고 가버렸네

밤사이
꽃 피어나듯
떠난 님도 밤새 올까.

봄 마을

개나리 노란 뒤뜰,
길 입구엔 하얀 벚꽃

연못은 파란 물색,
울긋불긋 나들이옷

앞산은 진달래 등(燈)을 켜고
연초록을 칠한다.

산속엔 뻐꾹새가,
공중에선 지지배배

눈 녹은 냇물 소리,
시끌버끌 우물가

골목집 갸꿍깔깔깔,
우리마을 봄이 익네.

봄비 맞는 바위

풀꽃이
수줍게
고개 드는 뒷산 언덕

봄비에
가랑가랑
젖어 드는 묵은 바위

희석된
아픈 세월을
밤새도록 울었구나.

바람아

머물 때
떠날 때도
알 수 없는 바람아

산천을
울리다가
가지 끝을 간질면서

오가도
흔적이 없는
뒷모습을 닮고 싶다.

봄비와 가을비

봄비는
부슬부슬,
가을비는 추적추적

봄꽃은
떨어지며
열매 맺는 꿈을 꾸고

낙엽은
나무를 사랑해서
바람 타고 떠나간다.

부고장을 들고

갔구나 그 먼 길을
떠난다는 말도 없이

촛불이 꺼지면서
별이 되어 가는구나

그 누가 속삭였기에
서둘러서 따라갔나.

살가운 한평생을
한순간에 등 돌리고

달 보듯 구름 보듯
누굴 그리 찾다 갔나

영정 밑 국화 송이도
자꾸만 올려본다.

분수噴水

분수가
공중으로
떠받들려 발을 차니

하얗게
솟구치다
뒤집혀서 떨어진다

부서진
몸 추스르며
하늘 뜻을 깨닫는다.

불사의 *풍경風磬

바람이
불어야
네 존재를 알겠구나

간직한
자비 말씀
바람 속에 돌돌 품어

가난한
처마 자락에
풀어놓는 덕담되라.

*풍경風磬: 법당이나 불탑의 처마 또는 옥개 부분에 매달아 소리를 나게 하는 장엄구. 불구(佛具)의 하나로 "풍령(風鈴) 또는 풍탁(風鐸)"이라고도 한다. 요령이 손을 흔들어서 소리를 내는 데 반하여, 풍경은 바람에 흔들려서 소리를 내는 것이 다르다.

불효자

미소 띤
아버님과
단아한 어머님이

사진틀
깨고 나와
함께 와락 끌어안고

지난날
못난 불효를
눈물로 거두실까.

비밀

하늘나라
가게 되면
누가 먼저 보고플까

부모님
형제 친구
모두 모두 만나야지

둘이서
만나 고픈 사람,
둘만 아는 비밀이지.

비 젖는 우산

그리움
빗물 타고
눈물인 듯 젖어 들고

기다림
한이 되어
우산 끝에 방울진다

봄비도
밤을 마시며
아픈 마음 토닥인다.

비정한 산불

산불이
강풍 타고
불 파도로 마을 덮쳐

줄 묶인
반려견들
울부짖다 사라졌다

어째서
날 버렸냐며
구름 타고 짖는구나.

비바람과 맑은 해

바람과
밤비가
공중에서 뒤섞이고

때리고
맞으면서
서로 바삐 헤어진다.

산천山川은
재빨리 머리 감고
맑은 해를 맞는다.

빈터의 풀꽃

빈터를
다투면서
피어나는 풀꽃 잔디

내달에
공사한단
푯말을 못 읽었나

살날이
얼마 된다고
애써 웃는 가여운 것.

빨래

빨래가 바람결에
팔랑팔랑 떠든다

모처럼 목욕하고
햇빛 받아 가쁜 하니

손잡고 빙빙 둘레길을
멋지게 돌잔다.

아가 옷 빨강 무늬,
푸르죽죽 아빠 잠바

보랏빛 엄마 드레스
우리 가족 다 모였네

눈부신 깨끗한 색색 옷이
서로 보며 엄지척.

사과

햇살을
받아먹고
빗방울을 품으면서

바람에
시달리다
노을 받아 물들더니

쟁반에
가만히 누워
지난날을 맛본다.

사막에 핀 꽃

밤에는 영롱한 별
낮에는 타는 해

모래가 파도치는
사막 속에 살짝 핀 꽃

혼자서 울고 웃으며
고독마저 잊고 산다.

아무도 찾지 않아
하루 종일 속상해도

어느 날 님 오시면
가슴 파고 안기리라

저 멀리 낙타를 끌고
카라반이 기어간다.

산마을 보릿고개

풋보리
향기가
산마을을 적시면

마지막
생명 같은
보리밭은 기도한다

배고픈
아기 울음이
어린 보릴 울린다.

산사山寺에 부는 바람

산사에
독경 소리
끊임없이 이어지고

때때로
풍경소리
간들간들 끼어들어

엿듣던
청솔 바람이
속진塵을 털고 간다.

산언덕 꽃 한 송이

높은 산
뒤안길에
홀로 핀 꽃 한 송이

떨어져
자리 잡아
인적마저 끊어진 곳

험해도
찾아주세요,
예쁜 표정 지을게요.

삶을 탓하랴

낙엽이
떨어지며
바람탓을 아니하듯

우리도
눈감으며
가는세월 원망하랴

어쩌다
쪽배를 타고
망망대해 즐긴 것을.

새벽이슬

꽃들이
떨어져야
열매를 맺는 것을

어떻게
알았는지
소리 없이 사라진 꽃

이슬이
빈자리 메워
눈물 가득 글썽인다.

새들은 햇볕을 좋아한다

산 아래 텃밭에서
참새들이 짹짹댄다

귀 없고 입만 있나
쉬지 않고 재잘댄다

한 놈이 뜬금없이 나니
일제히 따라 난다.

햇살이 춤을 추는
양지 찾아 날아간다

해님이 손짓하여
자리 잡은 풀밭 모임

바람은 따라오려다
시끄러워 피해 간다.

새벽 별이 되어

세상을
떠나는 날
어디로 가게 되나

영 넘어
높이 올라
새벽 별로 환생하여

새도록
잠 못 이루는
눈물 탄식 달랠 거야.

서대문 형무소

조국을
되찾으려
육신을 내던진 곳

감옥 방
담벼락엔
한과 혼이 얼비치고

들릴 듯
님들 만세 소리에
봄바람도 묵념한다.

섬 할매

열아홉 새색시가
신랑 따라 건너온 섬
고달픈 힘든 삶을 바다는 슬퍼했고
땀 흘려 오막집 지어내자
파도는 춤을 췄다.

고마운 햇살이
뒷산 텃밭 돌봐주고
먹거리 해산물도 계절 따라 향미롭다
해안 길 오가는 정에
서로 찾는 외딴 이웃.

갈매기 날아올라
그리움은 달리는데
머나먼 바닷길은 언제까지 망연한가
오던 날 통통배 흰 거품은
그리 슬퍼 울었구나.

세월의 덧칠

햇볕이
색깔 풀어
세상을 물들이면

바람이
소리 없이
퇴색시켜 변색된다

세월은
그 나이에 맞도록
만물을 덧칠한다.

세월이란

세월은
유수 같고
야속하며 무정하다

그러나
한결같고
공평하며 정직하다

우리가
변덕스러울 뿐
두려운 스승이다.

슬픈 가족여행

아빠 엄마 사랑받고
곱게 자란 외동딸

가난이 눈을 속여
따라나선 가족여행

바다는 어린 생명을
끌어안고 우는구나.

즐거울 나들이가
마지막 길 될 줄이야

죽음이 무서워서
두려움에 떨면서도

기쁜 듯 엄마 품에 안겨
짧은 삶을 던졌구나.

~ 삶에 지친 부모가 가족여행 가자 하여 좋아서 따라나선 외동딸. 그들이 차를 타고 바닷속으로 사라졌단 뉴스를 듣고. ~

순이야, 달리자

꽃송이 꺾어들고
개울넘던 순이야
물에 뜬 고운 별로
초롱초롱 다가왔지
오로지 주고받는 사랑이 우리들의 전부였지.

손잡고 달리면서
풀피리에 춤도 추고
바위를 타고넘어
숲속 길로 숨곤 했지
산새와 산 다람쥐랑 서로 보며 깔깔댔지.

폭우가 악마가 된
내를 건넌 순이야
손에는 꽃 한 송이
꼭~쥐고 있더구나
상여가 울고 가는 산길을 너를 안고 달린다.

숨바꼭질

손녀가
정원에서
숨바꼭질 하자며

고양이
꼭 껴안고
어디론가 숨었다

꽃나무
그늘 속에서
꼬랑지가 살랑댄다.

시간

시간은
볼 수 없고
줄도 없는 포승줄

우리는
몰래 묶여
벗어날 수 없구나

끊어져
풀려날 때가
홀로 가는 나의 길.

시골집 동물원

시골집
안마당은
귀염둥이 놀이터다

멍멍이
야옹이와
삐약삐약, 꿱꿱이가

뒤꼍엔
꿀꿀이와 음메소,
까치들도 깍깍깍.

시문詩文

자연은
태어난
아름다움 그 자체고

시인은
바라보며
감동하는 눈물이다

시문詩文은
서로를 묶어
무지개로 피어난다.

아니면 말고

만나면
부딪혀서
나를 잃고 방황한다

너의 길
너는 가고
나의 길 나는 간다

맞서면
아니면 말고
웃으면서 돌아선다.

아는 것 모르는 것

산 너머
먼바다가
흐르는 걸 난 압니다

밤에는
달과 별이
뜬다는 걸 난 압니다

내일엔
무슨 일 생길지는
모릅니다. 정말로.

아빠의 퇴근길

퇴근길
힘든 하루
훨훨 잊고 달리는 발

방긋한
애기 안고,
살짝 웃는 엄마 눈길

손에 쥔
과자봉지가
신이 나서 앞서간다.

아픔을 만든 자

살면서
사랑하고
미워하고 울었지만

남는 건
후회와
그리움과 아픔이다

아픔은
지금 생각해 보니
스스로 만든 거다.

안개비와 가로등

어둠이
스며드는
가로등 불빛 아래

안녕이
차마 걸려
헤어지질 못하네

빗물이
눈물을 감추고
밤안개는 덮는다.

야심한 산길의 차

한밤중
차 한 대가
번쩍이며 질주한다

거대한
짐승같이 누워 잠든
산을 뚫고

어디서
무슨 소식 듣고서
총알처럼 사라지나.

어느 봄 저녁

꽃다운
네 모습은
그냥 예뻐 보고 싶고

따뜻한
목소리도
정다워서 듣고 싶다

봄 저녁
금쪽같은 시간을
꼭 붙들고 서성인다.

어린 꿈

저 멀리
청산 넘어
누가 누가 살고 있나

아득한
바다 건너
푸른 섬이 손짓할까

때때로
어린 마음속을
철새 하나 나른다.

어시장의 물고기

물속을
주름잡다
가쁜 숨을 몰아쉬며

어시장
수조 속에
배 바닥을 뒤집는다

초점을
잃은 눈길은
먼바다를 찾는구나.

언덕 위에 낡은 농가

세월이
품고 가는
언덕 위 농가 한 채

눈 아래
메뚜기와
참새떼를 흘겨보고

논물이
차는 소리 들으며
황금 풍년 꿈꾼다.

엄마 등에 업혀

아가야
엄마 좋아?
응. 좋아, 따뜻해

엄마야
내가 이뻐?
응. 이뻐, 그냥 이뻐

자장가
미풍에 실리자
어느새 쌔근댄다.

엄마야

꼬마가
담 밖에서
냥이하고 놀다가

배고파
엄마 찾아
담장 문을 두드린다

닫힌 문
열리지 않아
악을 쓴다, 냥이도.

여름 폭우

깊은 밤
부수면서
쏟아지는 벼락 폭우

소음도
상념도
삽시간에 쓸어간 후

머나먼
천둥소리로
꿈나라를 찾게 한다.

여름밤의 망상

은하수에
먹을 감고
훌쩍 뛰어 달님 찾아

옥토끼
손 붙들고
계수 그늘 살 앉으니

북두성
술잔 가득 채워
꽃발 들고 오시네.

오대양 거북선

해풍이 불어온다
바다 향해 달려가자

파도가 넘실댄다
수평선이 다가선다

고래야, 거북선 용사다,
가는 길을 비켜라.

바다에 둘러싸인
우리나라 멋진 강산

장보고, 이순신 장군
해신되어 지키신다

올려라, 거북선 깃발을,
오대양이 반긴다.

☞ 우리나라가 제조한 선박이 오대양을 누빈다. 전 세계 바다를 떠다니는 대형 선박의 43%가 한국산이다. 우리 무역 전사들은 오늘도 파도를 가른다.

외길과 노을

외길을
걷노라니
한 소녀가 앞서간다

갈수록
뒤처져서
흰 댕기만 희미하다

외로운
알 수 없는 눈물이
노을 타고 흐른다.

외딴섬에 피는 꽃

복사꽃
한 송이가
물결 따라 흘러간다

그대로
흘러 흘러
외딴섬을 찾아가라

그곳에
곱게 피어올라
달과 별님 사랑해라.

외로운 달

홀몸은 고독하고
깜깜하면 두렵다

달님이 높이 떠서
빛을 내는 까닭이다

달빛이 밝아질수록
외로움이 쌓인 거다.

달 속에 *상아는
누구하고 얘기할까

강물에 한恨을 풀어
흘러가며 독백하나

말 못 할 깊은 한숨이
달빛 속에 숨어있다.

*상아: 달 속에 있다는 전설 속의 선녀. 서왕모의 불로不老 복숭아를 훔쳐먹고 달
 로 도망갔다 함.

우리는 꽃나무

우리는
한그루
꽃나무로 살아간다

꽃 너울
곱게 띄워
오는 사람 사랑하고

정성껏
열매를 맺어
아낌없이 나눠준다.

우주 유영

끝없이
팽창하며
질주하는 우주공간

살다가
연기처럼
사라지는 지구 인간

몸 떠난
영혼이 되면
우주유영 할 수 있나.

우크라이나 비가悲歌

포탄 속
어린 딸이
삶을 접고 무너진다

달려온
아빠 엄마
품에 안겨 눈 감는다

한 손엔
믿음 붙들고
또 한 손엔 사랑 잡고.

울며 웃다

세상에
태어날 때
나는 울고 주위는 웃고

떠날 땐
침묵해도
가족들은 눈물 가득

너와 나
울며 웃으며
살다가는 한세상.

울타리

어릴 적
울타리는
아빠 엄마 형과 누나

자라며
자리 잡는
친구 동료 선배 후배

이제는
우리 모두를 위해
쌓아가는 나의 성城.

웃는 눈사람

동구 밖
논밭길에
눈사람이 웃긴다

뚱뚱 배
눈덩이가
미소 물결 자아낸다

눈발도
지나는 사람도
하얀 웃음 안고 간다.

유아 학대사死

주어진
삶이기에
살기 위한 몸부림을

무정한
손과 발이
때리고 짓밟았다

멍들은
어린 주검은
원망조차 몰랐다.

유행

손녀는
친구 불러
먼 시골로 놀러 갔다

짝꿍은
뻥뻥 뚫린
청바지를 입고 갔다

할매는
바지를 기웠다,
밤새도록, 가엽다고.

은하수

은하수 굽이굽이
안개처럼 흘러간다

참았던 하소연이
밤하늘에 풀어지고

쌓였던 슬픈 사연들이
응어리져 몰려간다.

마음속 맺힌 한이
그 얼마나 많았던가

무심한 달을 보며
그 얼마나 서러웠나

은하는 망각과 안식 찾아
흘린 눈물 몰고 간다.

이른 새벽의 행인行人

찬바람
새벽을 두드리자
닭이 울고

냇가엔
잔별들이
파랗게 떨고 있네

판교板橋에
깔린 서리가
삐걱대며 길을 낸다.

인생 동반자

인생길 살아온 길
그 발자욱 돌아보면

끊일 듯 이어져 온
연연한 가는 실 줄

무수히 같이 걸어온
동반자들 어딜 갔나.

그들이 있었기에
웃고 울고 배우면서

어둡고 밝은 곳을
가려가며 달려왔지

힘들 때 끌고 안아준
그 얼굴들 어딜 갔나.

인생 막 열차

막차는
호기심과
두려움을 숨겨놓고

받아 든
기차표엔
행선지가 비어 있다

차례가
다가올수록
지난날이 눈물겹다.

자연 찬미

하늘은
꿈을 주고
청산은 힘을 주고

바다는
그리움을,
숲나무는 쉴 곳을

들판은
달리라 하니
맘껏 살다 구름 타세.

자네와 산골에서

산골에
달이 밝아
생각 느니 자네와 술

계곡물
바위 타고
청량하게 흘러가고

달님은
술잔을 오가며
말도 없이 끼어든다.

잡풀과 들꽃

우리는
사랑받고
사랑하러 태어났다

오가는
사랑 속에
너도나도 꽃이 된다

잡풀도
사랑받으면
들꽃으로 빛난다.

적막한 시골 밤

마당엔
달빛이
지친 듯이 졸고 있고

뒷산엔
산새들이
사라진 듯 고요하다

달 보고
한번 컹 짓더니
강아지도 눕는가.

지난날

태어나 이리저리
부딪혀온 삶이지만

힘겨운 인생길에
추억만은 길게 남아

토막 난 지난 세월이
촛불 되어 깜빡인다.

흘러간 추억은
쌓일수록 무거워져

마음속 깊이 잠긴
단지 속에 가라앉아

풀려서 열리면 눈물겹고
닫히면 아련하다.

지는 봄날

냥이 눈
가늘어져
지는 봄을 붙들고

담벼락
붉은 장미
미소마저 거둘 때

길손은
남쪽 바다 안고서
귀향길을 묻는다.

찻잔을 들다가

갑자기
파도 소릴
같이 듣고 싶어지고

어째서
먼 들길을
함께 걸어가고 싶나

찻잔에
얼굴이 어리면서
눈시울이 젖어 든다.

청산을 보며

등산을
즐겼지만
보는 산도 너무 좋다

언제나
마주 보며
한결같이 손짓하고

추억이
계곡마다 쌓인
오랜 친구 아니던가.

치자꽃 옆에서

치자꽃
흰 목덜미
가여워서 서럽구나.

다가가
마주 보며
사랑한다 말을 거니

예쁘게
살아가자고
속삭이는 귓속말.

칠월칠석七月七夕

해마다 견우직녀
포옹하는 칠월칠석

만나서 넘 기쁘고
헤어짐은 슬프지만

내년을 기약한 오작교엔
별들이 설레인다.

우리는 만나고
이별하는 순환 속에

사별死別은 기약 없는
영원한 끝남이라

밤하늘 애달픈 곡성에
별들도 울먹인다.

태풍

은하수
뒤집혔나,
물 폭탄에 광풍까지

높은 곳
무너지고
낮은 곳은 콸콸댄다

태풍아,
분노를 거둬라,
우는 애기 어딜 가랴.

튀르키예 참화

땅속에
마귀들이
미쳐 날친 생지옥

엄마는
목숨 바쳐
아기 생명 껴안았다

사랑해,
아가야, 내가 없어도
곱게 곱게 살아라.

풍금 소리

바람결에
들려오는
시골 학교 풍금 소리

아련히
뒤안길로
잊혀져간 푸른 시절

옛 친구
노래를 타고
맨발로 달려온다.

피난 길 아빠의 통곡

굶주린
딸아이가
애처러이 졸라 댄다

밥 한 톨
못 구해온
핏기 없는 못난 애비

딸 손에
쥐어진 돼지 뼈
싸늘하게 같이 운다.

하루를 꿈꾸며

새벽엔
봄비 되어
꽃나무를 적셔주고

낮에는
바람 되어
파랑새를 날려 주고

밤에는
함박눈 되어
우는 아기 재워 준다.

한가위 달

보름달 둥글둥글
우리 맘도 벙글벙글

밝은 달 금빛 뿌려
여인들은 월하미인月下美人

가까이 손에 잡힐 듯
멀리 있어 그립구나.

구름이 건드려도
은자隱者처럼 숨는 모습

비우고 채우면서
스스로 깨달았나

등 뒤론 참아온 고독이
켜켜이 쌓였겠지.

할머니의 장독대

할머닌 장독대에
오르시면 빛이 났다

간 보는 손맛에
밥상은 압도되고

정성은 보람으로
이어져 우리 모두 건강하다.

식구 얼굴 떠올리며
장독 뚜껑 여닫으신

고향집 깊은 정을
품에 안고 가셨어라

오늘은 금이 간 독 옆에
길냥이가 누워 잔다.

할멈의 소원

할멈은
할범 묘를
끌어안고 울었다

요즈음
울지 않고
중얼중얼 속삭인다

오늘은
누울 날 손꼽더니
가느랗게 웃는다.

해녀 엄마

해풍이
거칠어도
파도 속을 헤쳐가며

갯바위
긁어내어
해물 밥상 차려낸다

바다야,
식솔 먹일 염원이
칼질하게 하는구나.

항구

바다에 미끄러져
소리 없이 오가는 배

갈매긴 인사하러
이리저리 빙빙 돌고

설렘이 뱃고동에 실려
등대는 불을 켠다.

애환哀歡이 교차하는
석양 무렵 부둣가

오늘도 아기 업고
방파제에 오른 아낙

수평선 까만 점 하나가
젖은 눈을 붙든다.

행복한 저녁

둥지 속
까치 식구
오두막을 굽어본다

허름한
창문에서
새어나는 웃음소리

행복이 번지는
저녁 하늘,
두 가족은 즐겁다.

행복한 울음

멀리서
*녹명鹿鳴 듣고
너도나도 달려간다.

모여서
같이 먹잔
기쁨에 찬 울음이다

서로들
함께 나누는
참 행복이 여기 있다.

*녹명鹿鳴: 사슴이 먹을 풀을 찾으면 울음으로 불러 모아 같이 먹는다고 함.

행인과 단풍

늦가을
계곡마다
몰려드는 단풍 인파

햇살이
곱게 다진
무르익는 풀숲 향연

행인은
고별잔치가
석양인 양 서글프다.

*허난설헌許蘭雪軒

조선에 태어나서 삼종三從 멍에 덮어쓰고
여자로 태어나서 칠거지악七去之惡 족쇄 차고
차가운 가족 눈길 울 곳조차 없었구나.

까치도 숨죽이던 타고난 글 재능은
중국에 이름 떨쳐 여류시문女流詩文 소문나도
가인佳人은 가시밭 운명을 어쩔 수가 없었구나.

연년이 어린 자녀 마주 보는 *무덤 되니
밤마다 같이 놀란 통곡도 모자랐나
멍들은 시심詩心 거두며 꽃잎 지듯 따라갔네.

《哭子》
去年喪愛女 今年喪愛子　哀哀廣陵土 雙墳相對起
蕭蕭白楊風 鬼火明松楸　紙錢招汝魂 玄酒奠汝丘
應知弟兄魂 夜夜相追遊　縱有腹中孩 安可冀長成
浪吟黃臺詞 血泣悲呑聲

*허난설헌許蘭雪軒: 선조 때 여류 시인. 金誠立의 부인. 허균의 누이. 蘭雪軒集의 작가이며 그림도 능했음.
*연년이 아들딸을 잃고 27세에 卒.

호수에 붙들린 달빛

호수는
밝은 달을
손님으로 반긴다

바람이
샘이 나서
달빛을 밀어내도

물결은
흘러가는 달빛을
한사코 붙잡는다.

홀로 가는 산길

새소리
떠난 산에
적막만 쌓이더니

바람도
흘러가다
구름 따라 사라지고

어둠이
삼키는 산길을
발소리만 듣고 간다.

황진이 명월아

노래와 춤과 글로 사랑받던 절세미인
누구와 대작해도 거침없는 문예文藝였고
물에 뜬 흐르는 명월 되어 참사랑을 찾았지요.

동지야 긴긴밤을 춘풍으로 불사르고
떠나는 님 붙잡고 월하누고月下樓高 이별시*詩라
신분에 한恨맺힌 설움일랑 별을 보고 울었지요.

우아한 홍안에다 유려한 시상詩想으로
순정은 뜨거웠고 기품은 고고 했소
청초한 산기슭에서 술 한잔 올립니다.

*황진이가 지은 미학적으로 멋진 漢詩로서 대제학이던 소세양과의 이별 시라 함.

《奉別蘇判書世讓》
月下庭梧盡　霜中野菊黃
樓高天一尺　人醉酒千觴
梅花入笛香　流水和琴冷
明朝相別後　情如碧波長

황혼

노을이
타오르면
그 속으로 빨려들어

황혼에
젖어 드는
네 모습을 품고 싶다

기러기
긴 울음 끌며
산허리를 긋고 간다.

후회

세상이
궁금해서
기어 나온 지렁이

햇살이
눈부셔서
갈 곳 잃고 목도 탄다

땅속에
그대로 있지,
개미 떼가 몰려온다.

흘러간 강변 친구

별같이
수줍던 벗
달을 보고 웃었지

강변에
냄비 걸자
잔 물살이 탐을 냈지

그리워
불현듯 연락하니
강물 되어 떠났다네.

흰 구름 머무는 곳

유유히
한가롭게
흘러가는 흰 구름

산봉우리
붙잡고
떨어질 줄 모른다

그동안
말벗을 찾아
먼 하늘을 헤맸구나.

함께 흐르는
시조와 노래

길따라 구름따라

김경우 시조
하영훈 작곡
김주환 편곡

함께 흐르는
시조와 영문 번역

농부와 황소

김경우

황소야 같이 가자
뚜벅뚜벅 논길 따라

고달픈 내 마음을
말이 없는 너는 알지

벼 이삭 익어 가누나
풍년가를 부르자.

The Farmer and the Bull

Kyungwoo Kim

Hey, ya! Old bull! Let's go
As we stumble along the paddy field path.

For the aching in my heart
You, don't talk, know how hard I feel.

The rice crop is ripening as we go
And your eyes are bright and shiny.

Translated by Mark Arlen Peterson

또 만나요

김경우

세월이 시샘하여
사별死別하는 잉꼬부부

눈물을 가둬두고
주고받은 마지막 말

갑니다, 넘 고마웠소,
아녜요 또 만나요.

Let's meet again

Kyungwoo Kim

A lovebird couple break up
Due to jealousy over the times

The last words they exchanged
With full tears in their eyes

I'm going, was so grateful,
No, not at all, let's meet again.

Translated by Myungyong Lee

서평 1

김흥열(한국시조협회 고문)

해암海巖 시인의 『함께 흐르는 시조와 그림』 첫 시조집에 이어 두 번째 시조집 『함께 흐르는 시조와 그림』을 상재上梓한다. 진심으로 축하드린다.

시인의 시집을 읽다 보면 어느새 내가 청량한 산속에 들어 온 것 같이 마음 평온해지고 정신이 맑아짐을 느낀다. 계곡에 흐르는 물소리가 들리고 솔숲을 빠져나가는 바람이 보이며 가녀린 풀꽃의 웃음소리가 들리는 듯하다. 순박한 감정으로 전통 시조의 맥脈을 고스란히 이어받아 그 정체성을 분명하게 시현示現하고 있기 때문이다.

서정성 짙은 작품들은 물처럼 막힘이 없고 어려운 한자나 외래어를 사용하지 않아 순혈주의를 보는 느낌이다.

해암海巖 시인은 특히 한글 사랑과 우리말 사랑이 남다른데 작품 하나하나에 이 같은 신념과 철학이 깊게 배어 있음을 쉽게 발견할 수 있다. 이번에 상재 하는 작품집의 특징을 말한다면, 쉽게 쓰면서도 작가가 사물을 보는 관점이 다르다는 점, 우리말의 묘미를 잘 살린 점, 그리고 시조의 원천인 단시조가 주류를 이루고 있다는 점이다.

단시조는 짧은 글 안에 많은 것을 상징적으로 함축하기 때문에 아마 독자로부터 더 많은 사랑을 받을 것으로 생각한다.

최초의 한글 시조집 『청구영언』 진본에 실린 작품을 보면 수록된 580수 중 대다수가 단시조이다. 이처럼 단시조(평시조)는 《시조》의 본류라 해도 과언이 아니다. 시조가 물 흐르듯 한다는 것은 운율이 부드럽고 자연스러워 어깨춤이 절로 일어난다는 것인데 이는 조사와 연결어미의 배합이 아주 잘 되었다는 얘기이다. 즉 행을 이루는 시어의 배열과 글자의 발음에 의하여 일정한 리듬감을 스스로 자아내게 된다는 말이다. 간이 입맛에 딱 맞는 요리와 같다.
　다음으로 시조의 정체성이다. 시조하면 일반적으로 외형율인 3. 4. 4. 4.가 정체성의 전부인 줄 알지만 이보다 더 중요한 것은 내적 형식(짜임새)이며 이 내적 짜임새야말로 독자에게 전달하려는 화자의 의도가 고스란히 드러나서 작품성 또는 예술성을 갈음하게 되는 출발점이 된다. 작품성이란 시인의 사유思惟 세계에 존재하던 무형의 자산이 고운 빛깔의 옷을 입고 나와 유형의 자산으로 우화羽化하는 것이라 할 수 있다. 이 자산資産은 하나의 생명체가 되며 시인의 손끝에서 탄생한다.
　해암海巖 시인은 이 내적인 형식(사유하는 빛깔)을 누구보다도 완벽한 구도 속에 그려 넣고 있다. 특히 현대시조에 있어 작품의 예술성이 더욱 강조되고 있는 것은 시조라는 전통예술이 진화하여 현대적 언어예술의 한 분야로 자리매김하고 있기 때문이다.
　해암海巖 시인은 그림도 그리는 화가이시다. 그림에서 구도가 중요하듯 작품에서는 형상화가 중요하고 이를 기초로 작품성을 살려내야 독자로부터 사랑을 받게 된다.

시인의 손끝에서 나오는 그림 역시 순수한 한 편의 시, 그 자체이다.

북송北宋 말末 《적벽부》로 유명한 시인 소식(호는 동파)역시 "시詩 가운데 그림이 있고 그림 가운데 시가 있다(詩中有畵 畵中有詩)"고 했듯이 시인의 시조에는 그림이, 그림에는 시조가 들어 있음을 발견한다.

시인이야말로 시와 그림을 하나로 연결해 내는 탁월한 능력의 소유자가 아닐까?

이제 그의 작품 속에서 시인은 예술성을 어떻게 구사構思하고 있는지 살펴보기로 한다.

《빈터의 풀꽃》 ☞ 본문 121 페이지

빈터를
다투면서
피어나는 풀꽃 잔디

내달에
공사한단
푯말을 못 읽었나

살날이

얼마 된다고
　　애써 웃는 가여운 것.

　이 작품은 그저 공사판에 자리 잡은 풀들의 운명을 안타까워하는 소리가 아니다. 은유와 상징이 매우 돋보이는 미학적 아름다움은 물론이고 철학적 사고가 배인 작품성을 돋보이게 하는 멋진 시조이다. "빈터", "풀꽃 잔디", "푯말", "애써 웃는" 같은 표현들은 뛰어난 상징성을 지니고 있다. "빈터"는 가난을, "풀꽃 잔디"는 약자를, "푯말"은 계고장戒告狀을, "애써 웃는"은 슬픔 또는 아픔을 상징한다.

　아무것도 가진 것 없는 빈터이지만 풀꽃(민초)들은 그곳을 벗어날 수 없는 운명적 삶을 살아가야 한다. 권력과 가진 자의 횡포는 중장에서 나타난다. 나가라면 나가야 하는 무 권력의 소유자들은 힘이 없다. 재건축을 추진하는 과정에서 무허가 또는 약자는 강제로 이주당할 수밖에 없다. 그 아픔을 헤아려 주는 이는 오직 시인 한 사람뿐이다. 불도저가 와서 땅을 파내기 전까지 버티고 살아야 하는 우리의 삶을 너무나도 잘 표현하였다.

　종장을 읽다 보면 눈물이 난다. 하루 이틀 후면 파헤쳐질 운명이지만 연약한 풀꽃 잔디는 꽃을 펴들고 대를 이어가기 위해 안간힘을 쓰는 약자의 눈물이다. "애써 웃는다."라는 표현은 체념한 자의 감추어진 눈물이다. 휴머니즘의 본질을 보는 것 같다. 이러한 휴머니즘적 사고는 《굴피집》이라는 작품에서도 여실히 드러난다. 해암海巖 시인은 휴머니스트임이 틀림없다.

시인이 도입하고 있는 이러한 상징적 시어는 사회적 약자를 배려하는 그 인품에서 나온다고 보아도 지나치지 않다. 이 한 편의 시는 풀밭을 뒹구는 어린 양을 떠올리게 한다.

《후회》 ☞ 본문 226 페이지

세상이
궁금해서
기어 나온 지렁이

햇살이
눈 부셔서
갈 곳 잃고 목도 탄다

땅속에
그대로 있지,
개미 떼가 몰려온다.

이 작품 역시 작품 구성이 잘된 작품이다. 자연의 이치로 보면 당연한 일이지만 시인의 눈에는 "세상이 궁금하게" 느껴진다. 세상의 시끄러운 모습을 구경하다가 비명횡사하는 이 시구 詩句에서 제 분수를 알고 살라는 교훈을 얻는다. 비단 지렁이뿐이겠는가? 우리의 삶도 저와 똑같다. 우리의 속담에도 "올라가지 못할 나무는 쳐다보지도 말라"는 말이 있듯이 제 분수를 알라고 외치는 철인 소크라테스의 가르침이 떠오르는 구절이다.

  지렁이의 본분은 흙 속에 사는 것이다. 선한 자가 아수라阿修羅 판 같은 이 세상에서 뿌리를 내리고 살기는, 개미 떼가 몰려들어 지렁이를 물고 뜯는 이 작품과 크게 다르지 않다.

  이 작품 역시 간결성과 상징성이 뛰어나다. 많은 시사성時事性을 내포하고 있는 작품이라 할 수 있다. 중장이 함유하고 있는 의미는 무엇일까? 약자인 지렁이의 입장에서 바라보는 세상은 지나칠 정도로 사치스러운 허영虛榮의 빛깔이다. 그래서 눈을 뜰 수도, 갈증을 풀어줄 한 모금 물도 스스로 해결할 수 없는 세상인 것이다. 옴짝달싹할 수 없는 주변의 환경이 지렁이의 삶을 옥죄고 있을 뿐이다.

  사회구조는 언제나 강자에 의해 지배당하는 모순을 갖고 있다. 이 모순을 깨버리고자 시인은 시를 쓴다. 사회적 약자를 대변하는 절규이다.

《멈추는 날》 ☞ 본문 86 페이지

전지가
다 닳으면
시계가 멈춰 선다

내 속에

뻐꾸기는
얼마 동안 똑딱일까

겨울밤
함박눈 지듯이
가만가만 꺼져다오.

이 작품은 비유가 아주 좋다. 건전지가 다 닳으면 시계가 멈추다는 평범한 진리 속에 우리가 미처 깨닫지 못한 사유의 세계가 있고 철학이 있다. "내 속의 뻐꾸기"라는 상징성과 한 겨울밤에 소리 없이 내린 눈이 조용히 지듯이 "가만가만 꺼져 달라"고 한다는 시인의 외침은 하나의 화살이 되어 독자의 가슴을 찌르고 있다. "꺼져 달라"고 요구하는 이는 바로 시간이라는 절대적 존재이다. 내가 원하던, 원치 않던 시간은 자꾸 막다른 길로 나를 내몰고 있는 것이 현실이다. 시간이라는 거대한 바다에 표류하는 무력한 존재는 바로 생명이다.

"내 맘속의 뻐꾸기"는 자신의 여생餘生이다. 노년에 접어들었음을 암시하고 있다. 그러나 "죽음"을 두려워하는 게 아니라 오히려 여생을 아름답게 갈무리하겠다는 역설적 의지가 엿보이는 대목이다.

중장 "내 속에 뻐꾸기는 얼마 동안 똑딱일까"하며 자문하는 태도는 우리가 나이 들어가면서 누구나 생각해야 할 삶의 자세이다.

어떤 이는 헬스클럽도 다니고 등산도 하고 더 살겠다며 아등 바등하는 것보다는 오히려 관조觀照하는 시인의 태도에서 우리는 많은 시사時事 성을 발견한다. 이 작품은 앉은 채로 열반涅槃하는 수도승을 연상케 한다.

《불효자》 ☞ 본문 114 페이지

미소 띤
아버님과
단아한 어머님이

사진틀
깨고 나와
함께 와락 끌어안고

지난날
못난 불효를
눈물로 거두실까.

이 작품의 백미는 중장이다. 물론 작가의 상상력이 동원된 것이지만 이러한 낯선 표현들이 예술성을 대표한다. 사랑이 얼마나 컸으면 사진틀을 깨고 나와 와락 끌어안으실까?
부모에 대한 효孝는 아무리 해도 지나치지 않다.

생존 시에는 별로 느끼지 못했던 아쉬움에 자식은 세월이 갈수록 불효했다는 마음의 가책呵責으로 미처 다하지 못한 불효가 거대한 파도처럼 몰려와 가슴을 치며 자책하게 만든다.

종장에서 행간에 숨긴 부모의 넓은 마음을 발견한다. 죽어서까지 자식에 대한 사랑은 끝이 없다. 불효한 자식이 눈물로 용서를 구하는 것이 아니라 지금, 이 순간에도 자식의 아픈 마음을 다독이는 쪽은 부모이다. 이러한 사랑을 먹고 자란 자식은 정말 훌륭하지 않을 수 없다.

생선 쌌던 종이에서는 생선 비린내가 나고 향을 쌌던 종이에서는 향내가 난다고 한 어느 스님의 말이 떠오른다. 해암 시인처럼 마음이 순수하지 않으면 향내가 날 수 없다. 그래서 시인의 마음은 그 작품에까지 배어들어 좋은 향을 내뿜는 작품이 되는 것이며 그 향은 오래오래 남아 아무리 세월이 흘러도 지워지지 않을 것이다. 이 대목에서 필자도 향을 싸는 종이처럼 살아야겠다는 굳은 다짐을 해 본다.

지금까지 주마간산 식으로 서너 편을 감상해 보았지만 해암 시인의 시조 창작 원칙은 쉽게 쓰되 반드시 메시지를 숨겨 둔다는 것이다. 시조의 외적 형식인 음수율을 준수하는 것은 물론이고 작품성을 잉태하게 되는 문장 구조를 한 필의 비단처럼 잘 짜내고 있다. 요즘 지상에 발표되는 작품을 보면 음수율을 지키려는 흔적은 감지되고 있으나 시조의 내적 형식인 문장의 구조가 허술하기 짝이 없다. 전통과 정체성을 제대로 이해하지 못하고 맘대로 쓰고 있다는 생각을 지울 수 없다.

전통예술은 계승되는 것이지 일시적으로 유행하는 떴다방이 아니다. 동전의 양면처럼 예술성과 정체성을 동시에 지니고 있어야 한다.

아무리 많은 보석 같은 시어를 동원했다 하더라도 시조의 정체성을 벗어나면 이는 시조가 아니다. 자유시로서는 찬사를 받겠지만 시조라는 가문에서는 환영받지 못할 것이다.

앞서 말한 바 있지만 시조의 작품성은 정체성으로부터 나오며 이 정체성은 외적인 형식과 내적인 문장 짜임새가 환상적인 조화를 이룰 때 언어 예술로서 그 가치를 인정받게 될 것이다.

시조 창작의 원론처럼 해암시인의 시조집은 우리 모두가 필히 숙독熟讀해야 할 지침서이다. 다시 한번 시조집 상재를 축하 드리며 독자로부터 아낌없는 사랑을 마음껏 누리시기를 바라 마지않는다.

서평 2

사랑을 포개며
함께 또는 홀로 가는 길

— 김경우 시조의 시 세계 —

이석규(시조시인, 문학박사, 가천대 명예교수)

1. 들어가기

김경우 시인은 지혜와 경륜 외에도, 빼어난 심미적 혜안과 서정적 감수성을 지닌 분이다. 그의 단정한 얼굴은 언제나 밝고 편안하다. 일상의 언행이 고상, 겸손하고 너무 천진스러워서 모두 들 진심으로 존경하면서도 괜히 장난이라도 걸고 싶을 만큼 친근감을 준다. 게다가 경우에 알맞은 유머로 좌중을 활짝 미소 짓게 만드는 능력은 가히 일품이다.

서양화를 썩 잘 그리시는 화가이면서 장학재단을 이끌어 가느라 편안한 날(寧日)이 없으실 터인데, 불과 2년 전에 시조마다 손수 그림까지 그려 넣은 명 시조집 『함께 흐르는 시조와 그림』으로 각광을 받았는데, 어느새 두 번째 시조집을 내게 되었다.

남보다 먼저 원고를 읽으면서, 빛나는 예술적 언어 감각과 따뜻한 서정을 갖춘 알토란같은 시조 작품들에 감탄하지 않을 수 없었다.

김경우 시인은 시조는 쉽게 써야 한다는 철석같은 신념을 갖고 있다. 실제로 그는 아주 쉬우면서도 예술성이 높은 시조만을 창작하고 발표한다. 필자도 김경우 시인의 지론에 전적으로 동감한다. 사실 시조 작품을 쉽게 쓰고 싶지 않은 사람이 어디 있을까. 다만, 다른 사람과 다른, 새로운 표현을 하려고 애쓰다 보니 시인의 의도와는 달리 저절로 어렵게 되기 쉬운 것이다. 그래도 특히 시조 시인은 작품을 쉽게 쓰도록 최선을 다해야 한다. 게다가 문학성과 예술성을 갖추면서 쉬워야 한다. 그런 의미에서 김 시인은 참으로 능력과 복을 아울러 갖춘 분이다.

김경우 시인은 시조의 구조적 특성의 묘미를 본능적으로 정확히 알고 있다. 특히 시조의 종장은 신의 한 수라고 할 특별한 맛과 멋을 지닌, 세계 정형시 중에 유례가 없는 형식인데, 김 시인은 바로 이 종장의 묘를 놀라울 만큼 잘 살려낸다. 다시 말하면 정문頂門에 일침一針을 가하는 수법이 탁월하다는 것이다. 그밖에 탈속한 인생관과 깊은 사유를 통한 깨달음 또는 깊이를 모를 내공 등에 관해서는 본문에서 다루도록 한다.

김경우 시인이 늦게나마 시조를 쓰게 된 것은 시조계를 위하여 참으로 다행스러운 일이다.

2. 꿈의 동시조

앞에서도 언급했지만, 김 시인의 시조는 때 묻지 않은 원초적 순수함이 그대로 살아 있다. 그의 작품 중에는 섬세한 감수성과 따뜻함으로 마음을 순화시키기는 꿈결 같은 동시조가 많다.

꿈

《어린 꿈》 ☞ 본문 159 페이지

저 멀리
청산 넘어
누가 누가 살고 있나

아득한
바다 건너
푸른 섬이 손짓할까

때때로
어린 마음속을
철새 하나 나른다.

화자가 꿈에도 가고 싶은 낙원은, 저 멀리 청산 너머 또는 아득한 바다 건너, 착하고 편안한 사람들이 사는 아름다운 섬 같은 곳이다. 말 그대로 예쁜 동시조의 세계다. 그런데 종장에 어린 마음속을 날아가는 "철새" 한 마리가 등장한다. 그것은 꿈을 찾아가는 순결한 영혼의 표징이다. 꿈에 취해, 꿈을 찾아 날아가는 "철새"라는 객관적 상관물이 창조된 것이다. 추상적이고 관념적인 "마음의 상태"를 살려내는 아주 알맞은 시어詩語로 종장의 매력을 극대화하고 있다.

 김경우 시인의 시조에는 이 밖에도 꿈을 노래한 작품이 몇 편이 있는데, 《꿈 따라》를 보면, 시인이 꿈속에 그리는 곳은, 바다요 은하수다. 흰 돛배를 타고 노 저어 찾아가는 곳이다. 《꿈속의 님》에선 꿈속에서만 만날 수 있는 님을 그리다, 그 님을 만나기 위해, 잠에 빠진다. 화자는 절대로 꿈을 놓치지 않고, 추구하는 천진난만한 어린아이의 모습 그대로다.

 《하루를 꿈꾸며》 ☞ 본문 206 페이지

새벽엔
봄비 되어
꽃나무를 적셔주고

낮에는
바람 되어
파랑새를 날려주고

밤에는
함박눈 되어
우는 아기 재워준다.

자연, 아니 하늘의 자상하신 보살핌 속에, 꽃나무가 자라나며 예쁜 새는 하늘을 향해 끝없이 날개 짓한다. "꿈같은 하루"요, 꿈같은 삶의 이야기다.

종장은 아기의 이야기이다. 밤 이야기이며, 함박눈 속의 꿈 이야기이다. 은혜로 가득한 원초적 서정을 함박눈으로 살려내고 있다. 잠든 아기가 눈이 내려 지붕을 덮고 있는지를 아느냐 모르느냐를 따지는 것은 시의 영역이 아니다. 다만 아기처럼 순결하고 순수한 사람만이 그런 꿈을 지니고 있으며, 꿈결 같은 세상을 만들어 낸다. 그것이 시인의 영역이다. 그리고 그것이야말로 평범한 시조를 예술적 명품으로 살려내는 감수성의 도깨비 같은 기능이다. 금도 은도 아닌, 그보다 더한 꿈을 현실화하는 예술성 말이다.

《새들은 햇볕을 좋아한다》 ☞ 본문 134 페이지

산 아래 텃밭에서
참새들이 짹짹댄다

귀 없고 입만 있나

쉬지 않고 재잘댄다

한 놈이 뜬금없이 나니
일제히 따라 난다.

햇살이 춤을 추는
양지 찾아 날아간다

해님이 손짓하여
자리 잡은 풀밭 모임

바람은 따라오려다
시끄러워 피해 간다.

  이 시조는 동화童話다. 끝없이 재잘대다 일제히 함께 날고 함께 모여 먹이 찾는 참새 떼, 화자는 여기서 시골 한갓진 일상 속에서 흔히 볼 수 있는 참새 떼의 삶을 일순간에 동화로 둔갑시키는 이야기꾼이 된다. 특히 둘째 수 종장 "바람이 따라오려다 시끄러워 피해 간다"는, 참새 떼들이 정말로 시끄럽게 재잘대는 속성을 정확하게 포착, 강조하고 있다. 사소해 보이지만 이야말로 생텍쥐페리의 [어린 왕자]처럼, 때 묻지 않은 눈으로 무엇이든 새롭고 신기하게 보는 예술적 영안을 가진 사람들의 감각이다. 요즘처럼 아이들이 적은 시대에, 수많은 아이들이 떼를 지어 하루 종일 시끄럽게 떠들어대며 놀던, 화자의 기억 속 어린 날과 무관하지 않을 것이다. 그런 날이 다시 오기 바라는 순수한 소망 말이다.

낭만, 흥취

《거울 속 님과 함께》 ☞ 본문 53 페이지

달밤에
님이 주신
거울 속엔 그대와 나

겹쳐진
두 얼굴이
방글방글 눈 맞춘다

손잡고
살금 뛰쳐나와
달무리로 흘러간다.

달밤이다. 화자에게 달은 조용한 침묵 속에 님이 주신 거울이다. 동시에 그 속에서 만나는 또 하나의 나 자신이기도 하다. 서로가 좋아서 눈을 맞춘다. 서로 웃는다. 둘은 너무 기뻐 좁은 달

속에 갇혀만 있을 수가 없다. 서로가 손을 잡고 뛰쳐나와 달 둘레를 돌며 춤을 춘다. 장난기가 섞인, 신나는 생명력의 발현이다. 그렇게 님과 함께 달무리가 되어 달님의 아름다움을 장식한다. 달빛과 하나 되어 온 누리에 뿌려진다. 달, 나, 그리고 달 속의 또 하나의 나에 대하여, 밝은 것의 아름다움을 환상적으로 그려내고 있다.

《어느 봄 저녁》 ☞ 본문 158 페이지

꽃다운
네 모습은
그냥 예뻐 보고 싶고

따뜻한
목소리도
정다워서 듣고 싶다

봄 저녁
금쪽같은 시간을
꼭 붙들고 서성인다.

꽃다운 그대의 모습이 너무 보고 싶고, 그대의 정다운 목소리 너무도 듣고 싶다. 그것은 "설레는 봄밤"이 아니면 안 되는 감성의 작용이기에 봄 저녁을 그냥 흘려보낼 수가 없다. 천금 같은 봄 저녁을 가지 못하게 꼭 붙들고 놓지 않으려고 매달린다. 초장, 중장은 예쁘고 아름답기는 하지만 그냥 생각할 수 있는 이야기이다. 그런데 이 초장과 중장을 종장이 한 큐로 살려낸대. 화자는 그렇게 귀한 시공간을 온 힘을 다하여 못 가게 붙들고 있다. 설레는 이 저녁을 소중히 누리고 간직하려는 청년의 진정을 충분히 맛볼 수 있다. "춘풍 이불 아래 서리서리 넣었다가", "어룬님 오신 밤이어든 굽이굽이 펴"겠다는 황진이의 그것과 무엇이 다르랴.

《낮비와 낮술》 ☞ 본문 58 페이지

대낮에
주룩주룩
쉬지 않고 내리는 비

막걸리
한잔마다
군밤 한 톨 가을 향기

눈꺼풀
천근 무게가
나를 업고 만고강산萬古江山.

인생무상人生無常이란, 상수常數는 없고 변수變數만 있다는 말이다. 어떤 부귀공명도 영원히 완전할 수는 없다. 만일, 상수가 있다면 그것은 언제나 변함없는 만고강산萬古江山뿐일 것이다. 십 년이면 강산도 변한다는 말이 있기는 하지만 말이다.

가을비는 주룩주룩 내리고 막걸리에 군밤 안주 – 여기서 그만 파문처럼 출렁이는 가을의 향기, 고향의 서정에 빠지게 된다. 술을 모르는 필자가 봐도 취하지 않을 수가 없을 것 같다. 하물며 정말로 애주가이신 화자가 취해서 무거워진 눈꺼풀이 화자를 업는단다. 그렇게 모든 것을 놓아버린 깊은 무념의 세계, 곧 만고강산에 들게 된다는 것이다. 운치와 흥취를 "만고강산" 한 마디로 휘갑한다. 이태백이 따로 있겠는가? 이처럼 화자는 산중문답山中問答의 별유천지別有天地를 소요逍遙하고 있다. 종장이 주는 매력이 뛰어나다.

3. 함께 하는 삶

가족

《빨래》 ☞ 본문 122 페이지

빨래가 바람결에 팔랑팔랑 떠든다
모처럼 목욕하고 햇빛 받아 가쁜 하니
손잡고 빙빙 둘레길을 멋지게 돌잔다.

아가 옷 빨강 무늬, 푸르죽죽 아빠 잠바
보랏빛 엄마 드레스 우리 가족 다 모였네
눈부신 깨끗한 색색 옷이 서로 보며 엄지척.

빨래를 보니 옷의 주인인 식구들이 개성이 하나하나 떠 오른다. 바람결에 팔랑팔랑 식구들의 옷이 한데 모여 즐겁게 이야기를 나눈다. 여기서 옷들은 다정하고 살가운, 그러면서도 저마다 개성 있는 식구들의 환유다. 옷들이 맑게 씻긴 서로를 보며 "엄지척"한다. 필자는 이렇게 빛나는 "엄지척"을 본 적이 없다. 시조의 종장이 이렇게 아름다울 줄도 예전엔 미처 몰랐다.

서로가 인정하고 존중한다. 모두가 신뢰와 사랑 속에 삶의 아름다운 절정을 함께 누린다. 고래의 최고 명언, 가화만사성家和萬事成의 경지를 훨씬 넘어서고 있지 않은가.

《봄 마을》 ☞ 본문 104 페이지

개나리 노란 뒤뜰,
길 입구엔 하얀 벚꽃

연못은 파란 물색
울긋불긋 나들이옷

앞산은 진달래 등을 켜고

연초록을 칠한다.

산속엔 뻐꾹새가,
공중에선 지지배배

눈 녹은 냇물 소리,
시끌버끌 우물가

골목집 갸꿍깔깔깔,
우리마을 봄이 익네.

　　화자의 첫 시조집 『함께 흐르는 시조와 그림』에 실린 《하루살이》의 윤무輪舞하는 모습이 떠오른다. 화자의 가치관 깊은 곳에 자리하고 있는, 함께 상생相生하는 삶이야말로 인생에서 가장 아름답고 의미 있는 기쁨이요, 행복이라는 이치 말이다. 하나님이 창조하신 인간과 자연이 함께 어우러져 춤추듯 조화를 이룬 이상세계를, 위의 작품 "봄마을"에 담고 있다.

산

　　《가을 산 풍악 소리》 ☞ 본문 22 페이지

　　늦가을 산속은

풍악으로 익어간다

냇물은 졸졸대고
먼 바람은 우수수

바스락 낙엽 소리에
놀란 장끼 쟁을 친다.

철새들 줄줄이
이별가로 산을 넘고

산 노루 녹명 듣고
풀벌레들 목을 트네

궂은비 서럽게 속삭이면
가을 숲도 술렁인다.

   냇물과 바람과 그 속에 수많은 생명을 품은 가을산은 산에 속한 모두와 함께 제멋에 겨워 춤을 춘다. 저마다의 생명을 구가한다. 화자 또한 가고 오고 보내고 맞고 함께하는 오케스트라의 조화, 풍성한 우주 잔치의 한 부분이 된다. 감정이 이입된 가을산의 애정과 흥취를 멋지게 형상화한 절품이다.

사랑

《바위와 풀꽃》 ☞ 본문 92 페이지

숨어서 바위 밑에
남모르게 피어난 꽃

햇볕도 마다하고
눈길도 외면하며

오로지 믿고 의지하는
큰 바위만 보고 산다.

풍우에 시달리는
큰 바위는 외롭지만

고개 들어 기도하는
작은 꽃이 귀엽구나

아득히 밤개 짖는 소리를
둘이 함께 듣는다.

큰 것과 작은 것, 무거운 것과 가벼운 것, 세상은 서로 다른 존재들이 서로를 채우면서 기대고 품는다. 비바람도 눈서리도 고난도 서러움도 함께 나누고 공유한다.

생애의 동반자, 삶의 의미를 아름답게 꾸미는, 어지러운 세상을 평화와 안식의 보금자리로 가꾸는 것은 변함없이 서로 보듬는 반려자 관계다.

《흰 구름 머무는 곳》 ☞ 본문 228 페이지

유유히
한가롭게
흘러가는 흰 구름

산봉우리
붙잡고
떨어질 줄 모른다

그동안
말벗을 찾아
먼 하늘을 헤맸구나.

산봉우리에 걸친 흰 구름의 모습을 보고, 말벗 찾아온 하늘을 헤매다가 만나서 이제는 떨어질 줄 모른다는 착상이 참으로 참신하고 개성적이다. 감정이입도 너무 자연스럽다. "낯설게 하기"가 이렇게 자연스럽다니. 시상詩想의 허를 찌르는 인정 또는 우정의 따뜻한 깊이를 우의寓意적으로 표현하고 있다. 중장의 발견과 종장의 매듭이 언어 운용의 묘를 낳고 있다. 독자의 시선과 마음을 꽉 붙들고 놓아 주지를 않는다.

《할멈의 소원》 ☞ 본문 212 페이지

할멈은
할범 묘를
끌어안고 울었다

요즈음
울지 않고
중얼중얼 속삭인다

오늘은
누울 날 손꼽더니
가느랗게 웃는다.

운명을 천명으로 아는, 오직 순종밖에 모르는, 인생의 끝자락에 선 우리네 할머니의 모습이다. 너무나 측은하고 외롭다. 그런데 21세기의 현대적 할머니들보다는 오히려 더욱 따뜻하게 느껴지는 것이 놀랍다. 할아버지에 대한 목숨을 초월한 절대적 사랑과 믿음 때문일 것이다. 시인의 측은지심에, 그것을 뛰어넘는 빛살 같은 단심丹心 한 가닥이 별빛처럼 스쳐 지나간다.

《서대문 형무소》 ☞ 본문 137 페이지

조국을
되찾으려
육신을 내던진 곳

감옥 방
담벼락엔
한과 혼이 얼비치고

들릴 듯
님들 만세 소리에
봄바람도 묵념한다.

서대문 형무소를 생각하면 울컥해진다. 나라를 찾겠다고 애국의 열정을 불태우다 산화한 충의 열사, 의사들의 거룩한 정신 그리고 억울한 원혼이 되기까지 당했을 고통과 울분의 아픔을 그리고 있다. 은유 또는 환유라고도 할 수 있는 "봄바람"의 등장이 새 시대를 암시하는 위로와 축복을 함축하고 있다. 선열들에 대하여 감사와 존경, 안타까움에 손 모아 머리 숙인 화자의 진정이 잘 그려져 있다.

그리움

《누이야》 ☞ 본문 63 페이지

진달래
활짝 웃던
눈이 예쁜 누이야

치자꽃
꺾어 들고
그냥 떠난 누이야

앞산에
복사꽃 피고 지네,
뒷동산엔 새가 울고.

애정은 말릴 수 없는 수준인 것 같다. 그렇게 시인은 눈이 예쁜 누이가, 진달래꽃처럼 활짝 웃던 누이가 그냥 떠나갔단다. 누이와 함께 보낸 시절을 안 봐도 알만하다. 중장의 "그냥"이 참 적절하다. 종장에 이르러서도 긴말하지 않는다. 그냥 복사꽃이 피고 지며, 뒷동산에 새가 운다고만 한다. 종장 뒤로 넘쳐흐르는 표현하지 못할 그리운 사연은 일체 생략한다. 생략법의 백미라고 할 수 있다. 그것이 오히려 더 많은 생각을 하게 만들기 때문이다. 그리하여 필자도 화자의 누이에 대한 그리움에 절로 동참하여 한순간 멍하니 있게 되는 것 같다.

《비밀》 ☞ 본문 115 페이지

하늘나라
가게 되면
누가 먼저 보고플까

부모님
형제 친구
모두 모두 만나야지

둘이서
만나 고픈 사람,
둘만 아는 비밀이지.

저세상에 가게 되면, 그 세상 사람들끼리 서로 만날 수 있을까? 보고픈 마음이나마 그냥 간직할 수 있을까? 죽은 뒤의 허무감이 깔려 있는 가운데, 종장에 와서 갑자기 심술을 부린다. 톡 쏘는 맛, 에스프리(esprit)다. 예기치 못하게 살짝 급소를 건드리는 "둘만의 비밀"에 마음이 모인다. 멋진 "낯설게 하기"이다. 농담 속에 진담이 있다고, 짐짓 유머 같은 상황 속에 진한 그리움이 은은하게 울려온다.

이 시조집에는 이 외에도 그리움을 노래한 작품은 많다. 그중에 《풍금 소리》, 《외길과 노을》등은 수작秀作으로 주목할 만하다. 특히 후자는 인생의 근원적 외로움에 닿아 있다. 지면 관계로 그냥 줄이는 아쉬움이 남는다.

외로움

《굴피집》 ☞ 본문 40 페이지

깊은 산
오지에서
화전 밭 일구다가

모두 들
떠나가고
홀로 남은 늙은 할범

굴피집
연기 끊겼네,
오늘 같은 강추위에.

외로움! 이 땅에 살아온 착하고 가난한 사람, 남에게 수없이 당할 줄은 알아도 결코 폐를 끼칠 줄 모르는 사람, 오직 일만 알던 할아범의 인생, 아마도 겨울밤에 너무 춥고 외로워서 홀로 연기가 되어 하늘로 올라갔나 보다. 시인의 외로운 약자에 대한 절절한 동정과 사랑 이야기다.

그의 시조 여기저기에 선량하고 능력은 있어도 악하지 못해서 약할 수밖에 없는 여러 종류의 사람들에 대한 작품들(cf: 허난설헌)이 있다. 화자의 동기가 선하고, 성실한 약자에 대단 사랑과 그의 작품 여러 곳에서 독자의 마음을 따뜻하게 위로해 준다.

《한가위 달》일부 ☞ 본문 208 페이지

구름이
건드려도
은자처럼 숨는 모습

비우고
채우면서
스스로 깨달았나

등 뒤론
참아온 고독이
켜켜이 쌓였겠지.

"더도 말고 덜도 말고 한가위만 같아라."라는 속담이 있다. 그러나 시의 화자는 전혀 다른 생각에 취해 있다. 첫수에서 달빛과 달빛 속의 세상은 너무너무 아름답지만, 너무 멀리 있어 그립단다.

둘째 수에서 달은 스스로 채우고 비우면서 안 가면 안 되는 길을 홀로 간다고 한다. 인생길에 뜬 달을 쳐다보는 길손도 마찬가지로 채우고 비우면서 홀로 가야 한다는 거다. 하물며 그 밝은 달 뒤쪽의 어둠 속에 쌓인 고독은 얼마나 끔찍하겠느냐고 묻는다. 육신의, 운명의 한계에 갇힌 우리네 인생들도 또한 보이지 않는 뒷면에 고독의 그림자들이 아프게 쌓여 있을 거라는 것이다. 그것이 김경우 시인의 고독론孤獨論이다.

우리는 살면서 가끔 세상을 밝히는 보름달 같은 사람을 보게 된다. 깊은 성찰로 발효의 과정을 잘 겪어내고 그리하여 속으로 잘 익어 있는 분들이다. 겸손과 관용으로 주변을 어우르고 비추는 그들은 너무 멋지다. 세상이 그들로 인하여 밝아진다. 그러나 그들의 보이지 않는 뒤안길에서, 이른바 사무사思無邪(詩三百 一言而蔽之曰 思無邪 : 論語)를 이루어 내기 위한 신독愼獨 쌓아온 그 인고忍苦에 대한 화자의 깨달음이 녹아 있다.

이와 비슷한 《외로운 달》에서는, 달 속에 홀로 있는 곱고 고운 상아님은 그 누구와도 얘기할 상대가 없어, 그녀의 깊은 한숨과 고독을 빛나는 달빛 속에서도 느낀다. 화자 자신의 고독을 상아의 그것으로 치환한다.

4. 인생에 대한 관점

뒷모습

《가벼운 삶》 ☞ 본문 16 페이지

눈뜰 땐
조잘대는
새소리에 감읍하고

일할 땐
맑은 햇살,
잠잘 땐 여린 달빛

떠날 땐
흔적도 없이
노을 타고 가는 삶.

　주어진 자연 또는 세상 속에서 하늘이 주는 혜택과 풍취를 누리며, 설화 속의 주인공처럼 자연의 흐름을 따라 살다가 때가 되면 흔적 없이 그렇게 가겠단다. 뒷모습이 맑고 깨끗하며 단순하다. 시인의 탈속함이 그대로 느껴진다.

《꽃잎, 앞과 뒤》 ☞ 본문 48 페이지

꽃잎에
다가서서
향을 맡고 찬양한다

아무도
꽃잎 뒤는
보는 사람 없구나

뒤 안쪽
떠받드는 정성을
벌 나비만 알겠지.

 누구나 잘나고 부유하며 찬란한 영광에 취해서 살기를 원한다. 이 시조는 세상사의 뒤쪽, 다시 말하면 잘난 것의 뒷받침이 되는 겸손과 인내와 성실은 결코 보지 않는, 세상의 사려 없음을 탄식한다. 종장에서 모든 것이 해결되는데, 진실과 근면에 속한 사람들은 세상사의 뒤 안쪽에 숨은 노력과 봉사를 소중하게 여기고, 그 일을 떠받든다. 독자의 눈길을 잡아끄는 부분이다.

《떠나라 하지 마소》 ☞ 본문 80 페이지

떠나라
하지 마소,
언제라도 가오리다

영원한
만남이란
있을 수가 있나요

어쩌다
생각이 나면
촛불 끄듯 지우세요.

이 말은 누구한테 하는 말일까? 물론 신에게, 조물주에게 아뢰는 말씀이다. 기도일 수도 있다. 또는 자신에게 하는 말일 수도 있다. 삶의 길을 깊이 성찰하는 화자는 울고불고하지 않는다. 미련으로 한탄하거나 안타까워하지도 않는다. 비운 마음이고 내려놓은 마음이다. 방하착放下著이랄까? 아니, 그보다 더 단호한 종장의 "촛불 끄듯" 지우라는 말이 감정에 아픈 흔적을 남긴다.

《바람아》 ☞ 본문 108 페이지

머물 때
떠날 때도
알 수 없는 바람아

산천을
울리다가
가지 끝을 간질면서

오가도
흔적이 없는
뒷모습을 닮고 싶다.

　바람은 어떤 때는 산천을 뒤흔들어대는 태풍도 되지만, 세상에 경종이 되어 마음이 가난한 이들에게 위안을 주기도 한다. 진실로 동요 가사처럼 산바람 강바람이 되어 일하는 이들의 땀을 씻어주기도 한다. 중요한 것은 화자가 세상을 살며 오고 가는 것 그리고 특히 떠나갈 때 흔적도 자취도 없이 사라지는 바람의 뒷모습을 닮고 싶다는 것이다. 마음을 비움이요, 인생과 운명을 온전히 수용하고 있음이다.
　바람처럼 가볍고 편안하기가 태산 같다.

《노년이 되어》 ☞ 본문 60 페이지

눈 귀는 흐려지고
손과 발도 굼뜬다

하는 일 뒤처져서
잔소리도 뒤따른다

아서라, 혼자서 해내리라,
기운 차려 천천히.

남의 말 가려듣고
좋은 인연 떠올리고

보던 책 뒤적이며
앞날 걱정 덮으면서

마음속 혼불을 켜고
허허롭게 가리라.

노년이 되어서 느끼는 육체와 능력의 변화, 그리고 거기에 적응하며 보람된 노년을 보내기 위하여, 더구나 존엄과 자존감을 지닌 인간을 살아가고자 하는 소중한 인생철학을 이야기하듯

잔잔하게 전개하고 있다. 두 수의 각 종장에서 화자의 당당하며 침착한 실전적 의지를 진지하게 보여주고 있다. 어떤 문제에 대하여서도 개의치 않는 탈속함 또한 돋보인다.

《흘러간 강변 친구》 ☞ 본문 227 페이지

별같이
수줍던 벗
달을 보고 웃었지

강변에
냄비 걸자
잔 물살이 탐을 냈지

그리워
불현듯 연락하니
강물 되어 떠났다네.

누가 그리운 것은 그의 사람됨과 그와의 추억 때문이다. 중장 "강변에 냄비 걸자 잔 물살이 탐냈"단다. 친구와의 즐거웠던 추억 한 커트 속에, 잔물결이 냄비 속의 음식을 탐낸다는 의미와, 너무 착하고 깨끗하면 하늘이 먼저 데려간다는, 알 수 없는 생명에 대한 하늘의 질투가 중장에서 이미 중의적으로 암시된다.

그리고 자연스레 연결되는 종장의 끝은, "강물이 되어 떠났단다."이다.

  이별은 원래 슬픈 것이다. 이 작품 속에서도 화자의 슬픔의 깊이가 느껴진다. 그러나 그 슬픔은 맑은 슬픔이다. 그의 여러 시조처럼, 시인 내면의 많은 부분이 승화되어 있기 때문이리라. 이형기의 시 《낙화》 앞머리의 "가야 할 때가 언제인가를/ 분명히 알고 가는 이의/ 뒷모습은 얼마나 아름다운가"라는 너무나도 유명한 구절이 생각난다. 그만큼 어렵다는 뜻이다.

  우리는 만나면 헤어지고 어디에 속해 있으면 반드시 그곳을 떠나야 할 때가 온다. 특히 생명의 문제에 관해서는 비록 현인이라 할지라도 완전한 무심의 상태로 넘기기란 결코 만만치 않은 일이다.

  위의 김경우 시인의 몇 편의 시조에서, "뒷모습"에 관련된 여러 싯구詩句를 살펴보았다. 보이지 않는 뒷면을 소중히 여겨야 함과, 특히 떠나는 자신의 뒷모습을 "촛불 끄듯이 ;", "바람처럼", "노을처럼 흔적 없이"… 등으로 표현한 것을 볼 때, 그가 쌓아온 결곡의 경지를 이해할 수 있을 것 같다. 말이 그렇지 아무리 많은 세월을 살아도 결코 쉽지 않은 내공의 깊이다.

깨달음

《목련꽃과 잎새》 일부 ☞ 본문 88 페이지

잎마다
하얀 영혼
하루하루 정을 쌓고

노을이
손짓할 때
두말없이 낙화하니

잎새는
슬픔을 포개면서
가을바람 기다린다.

 종장의 "잎새가 슬픔을 포갠다"는 표현은 매우 섬세하고 개성적이다. 화자의 감정이 이입된 목련꽃 잎새는 흰 영혼이 하루하루 정을 쌓는 동안을 알고 있다. 더구나 순식간에 다가와 슬프게 낙화하는 순명의 시간도 알고 있다. 빛나는 것들의 속절없는 무너짐이 너무 안타깝다. 목련꽃을 먼저 보내고 잎새는 잎새끼리 뒤안길에서 가녀란 손을 포개듯 슬픔을 포갠다. 꽃처럼 빛나진 않지만 포개고 쌓으면서 가을바람을 기다린다. 가도록 정해진 그 길을 손에 손을 잡고 기다린다. 인간을 포함하여, 약자든 강자든, 가난하든 화려하든, 본디 목숨 가진 존재라는 자체가 슬픈 것이다. 화자의 측은지심惻隱之心이 행간을 가득히 적시고 있다.

《벽시계》 일부 ☞ 본문 97 페이지

묵묵히
앞으로만
걸어가는 시곗바늘

그러나
영원한 건
없다는 걸 알려주니

언제나
깨어있으란
숨은 뜻이 무겁구나.

　이 작품의 첫수에서는 시계가 "세월을 바늘에 매달고 쳇바퀴를 돌린다"라고 흘러가는 세월의 무상함을 노래하고 있다.
　둘째 수인 위 예문은, 시간이 쉼 없이 앞으로만 가고 있다는 것을 시곗바늘을 통해 구체적으로 증언한다. 아울러 영원한 것도 없으며, 모든 것이 시간을 따라 변한다는 것을 구체적으로 보여주고 있다. 그리고 종장에 와서 그 시간의 흐름 속에 "언제나 깨어 있으라"는 어마무시한 말을 하고 있다. 여기에는 "깨어서 그 진실을 보라", 삶의 의미를 창출하는 실존을 살아가라는 뜻도 포함하고 있으리라. 화자의 깨달음은 그 깊이를 가늠하

기가 쉽지 않다.

《분수》 ☞ 본문 111 페이지

분수가
공중으로
떠받들려 발을 차니

하얗게
솟구치다
뒤집혀서 떨어진다

부서진
몸 추스르며
하늘 뜻을 깨닫는다.

자기 힘이 아니라, 전기의 힘으로 하늘로 솟아올라 하늘을 향해 발길질한다. 그러나 그것이 끝이다. 바로 그 순간에 뒤집혀서 곤두박질하며 떨어진다. 인생도 그런 것 아니겠는가? 분수를 통하여 인간 능력의 한계를 다시 깨닫는다. 관찰과 통찰은 사색의 길이요, 깨달음의 문이라는 것을 화자는 이 작품을 통하여 여실히 보여준다. 올라가는 것이 내 뜻과 힘만이 아니라는 것, 올라가는 때일수록 더욱더 겸손이 필요하다는 것을, 나아가

몸이 부서져도 하늘 뜻을 알고 따라야 하는 것이 인생임을 강조하고 있다. "진리가 너희를 자유롭게 하리라"는 화자의 인생관이 엿보인다.

　김경우 시인의 시조 작품에는, 그가 아니면 할 수 없는 독특한 감칠맛을 창조하는 경우가 많다. 그것은 화자만의 독특한 언어의 예술세계를 구축해 나가고 있다는 뜻이다. 그뿐만 아니라 그 속에 전해지는 메시지는 가벼운듯하면서도 깊은 성찰과 쉬지 않는 천착에서 우러나는 크고 작은 깨달음을 담고 있다. 소박하면서 근원에 닿은 예지와 명철에서 우러나는, "사랑을 포개며, 함께 또는 홀로"가는 길이다.

5. 마무리

　이제까지 김경우 시인의 시조 작품 몇을 골라서 살펴보았다. 그러나 사실을 말하면 특별히 좋은 작품들만 고른 것이 아니다. 다른 어떤 작품을 살펴도 수준이 이에 못 미치는 바가 없다.
　앞에서도 언급했지만, 김경우 시인의 시조 작품들은 모두가 쉽고 일상에서 소재를 취하고 있다.
　보통의 경우 작품을 쉽게 쓰다 보면 관념적이거나 창의성이 떨어지기 십상이다. 그러나 김 시인의 시조는 쉽고 누구에게나 친근감을 주면서도 늘 새롭다. 오히려 쉬운 가운데서 짜릿한 감칠맛을 살려내는 손맛이 기가 막힌다.
　그의 시조는 천진난만하면서도 부드러운 서정으로 독자의 가슴을 찰랑이고 설레게 하는 매력이 있다. 게다가 어린 시절의 고향마을 같은 순박한 인간미가 넉넉하게 흐르는 세상을 열어 보여준다.

가난하고 힘없는 약자들, 뜻은 맑고 높으나 상황과 한계에 갇혀 억울하고 비참한 사람들에 대한 말할 수 없는 사랑과 애정의 눈길을 그의 시조 예서제서 만나게 된다. 게다가 영혼이 깨어 있는 사람들의 밝은 나눔과 섬김을 찬양하고, 교향곡처럼 함께 이루어내는 생명의 합창을 인간 삶의 이상理想으로 제시한다.

인생에 대한 성찰과 깊은 사유에서 우러나는 삶의 지혜는 비움을 넘어서고 있으며, 인생길 걸어가는 발걸음은 언제나 그 진퇴가 분명하고 깨끗하다. 게다가 겸손하고 당당하며 주저함이 없다. 앞으로 어떤 시조의 세계가 열리게 될지 저절로 기대하게 된다.

부디 오래오래 건강하며 건필하시기를 간절히 기원한다.